白樺みたいな **Timb.**(ティム)テープで作る

洗える
バスケットと
こもの

古木明美

Introduction

ポンと置くだけでさまになる、白樺のかご。
幅広の樹皮をザクザクと組み上げる
シンプルで飽きのこないバスケットは、いつの時代も人気です。

こまごまとしたものがスッキリと収納でき、
ラフに入れるだけでもおしゃれに整うかごは、
部屋のどこに置いても、気持ちのいいインテリアになります。

そんなかごをTimb.テープで作ったのが本書です。
Timb.テープとは、白樺のような風合いが楽しめるバスケタリー用のテープ。
樹脂製なので軽くて丈夫、耐水性があるところも特徴です。

天然素材と違い、水が染み込んで傷んだりしないので、
気兼ねなく洗えて衛生的なところがお気に入り。

見ただけでは見分けがつかないほど天然樹皮の素朴なテクスチャーが再現され、
また、しなやかな手触りで、かごを作るのにも向いた素材です。

いつか旅したフィンランドの思い出をたどりながら
北欧の国々で愛されてきた定番のかごを作ってみました。

暮らしに役立つ、おしゃれなかご
お気に入りを見つけてもらえたらうれしいです。

古木明美

Contents

シンプルバスケット ─── 4
トレイ Lサイズ ─── 5
レクタングルBOX Sサイズ ─── 6
レクタングルBOX Mサイズ ─── 7
ふた付きプチかご ─── 8
ふた付きバスケット ─── 8
革ハンドルのミニトート ─── 9
マット＆トレイ ─── 10
ツールボックス ─── 12
コーヒーフィルターケース ─── 13
北欧バッグ ─── 14
フルーツバスケット ─── 15
壁掛け一輪挿し ─── 16
レクタングルBOX Mサイズ ─── 17
ツールケース ─── 18
四角トレイ ─── 18
ハンドル付きミニかご ─── 19
一輪挿し ─── 20
風車飾りのバスケット ─── 20
三角のかご ─── 21
ピクニックバッグ ─── 22

材料と道具 ─── 23
Lesson1 シンプルバスケットを作る ─── 24
Lesson2 トレイを作る ─── 28

各作品の作り方 ─── 31〜

シンプルバスケット

パンやフルーツを盛ったり、リネン類を収納するのにぴったり。
縁がギザギザのタイプとフラットなタイプ、
どちらも本体の組み方は同じで、縁始末を変えてみました。

❖ **How to make** * 24 ページ (Lesson1 シンプルバスケットを作る)

トレイ Lサイズ

スクエアタイプのトレイは盛り皿代わりに。
衛生的に安心な樹脂製だから、パンは直置きでOKです。

❖ **How to make** ＊28ページ（Lesson2 トレイを作る）

レクタングル BOX Sサイズ

長方形のバスケットは収納にぴったり。
どこに置いても邪魔にならないデザインだから
夜長にはお供を詰めてベッドに持ち込んで。

❖ How to make＊32ページ

レクタングル BOX Mサイズ

マルチに使えるワイドサイズのバスケット。
A4の書類も余裕で収納できるサイズです。

❖ How to make * 32ページ

ふた付きプチかご

こまごましたものの収納にぴったりなふた付きのかご。
白樺の風合いが素敵だから、いくつか作って並べるのもいい。

❖ How to make *36ページ

ふた付きバスケット

お道具箱やランチボックスなど、使いみちはいろいろ。
クロスステッチ風につけた持ち手もアクセント。

❖ How to make *34ページ

革ハンドルのミニトート

革のテープをカシメでつけてトートバッグに仕立てました。
二つ折り財布と携帯が入る、
ワンマイルのおでかけに最適なサイズです。

❖ **How to make** ＊31ページ

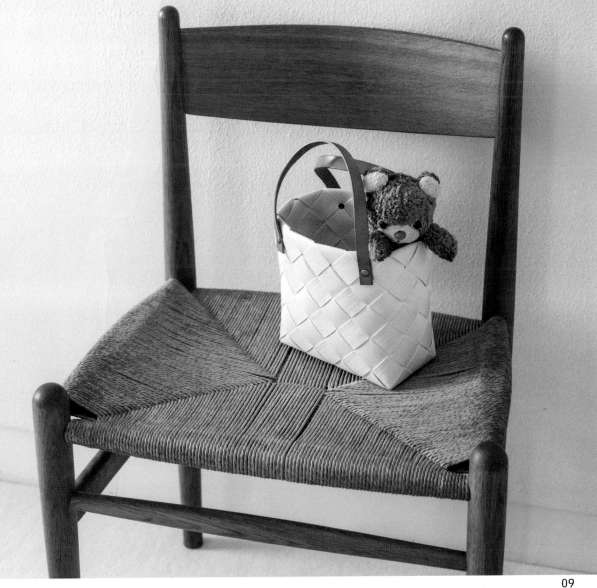

マット＆トレイ

ナチュラルテイストながらも
食卓をおしゃれにしてくれる北欧風のキッチン雑貨。
コースターやマット、ミニトレイがせいぞろい。

❖ **How to make** ＊ コースター → 46ページ

❖ **How to make** ＊ ブロック形マット → 38ページ

❖ How to make ＊星形マット → 39ページ

❖ How to make ＊ トレイ Sサイズ → 28ページ

11

ツールボックス

水濡れに強いので、キッチン周りでも大活躍。
ポットカバーやミニサイズのダストボックスとして
使うのもおすすめ。

❖ **How to make** *37ページ

コーヒーフィルターケース

市販のフィルターがぴったり収まる、
素朴でいて端正なオリジナルケース。
コーヒー好きにおすすめしたい作品です。

❖ **How to make** * 40 ページ

北欧バッグ

みんなの目をひくおしゃれフォルムのバッグは、
B5判の雑誌がすっぽり入ります。
持ち手はふさがりますがA4判も入るので、マガジンラックに使っても。

◆ **How to make** ＊42ページ

フルーツバスケット

フルーツを素敵に飾れるかごを考えたら、
トレイのようなバスケットができました。
ピクニックなどアウトドアで使うのも楽しそう。

❖ **How to make** ＊48ページ

壁掛け一輪挿し

白樺細工でよく見られる形を再現しました。
試験管を入れて一輪挿しとして使うだけでなく、
筆記用具やメガネを入れるのにも便利です。

❖ How to make ＊60ページ

7ページと色違いで作った
レクタングルBOXのMサイズ。
水濡れに強いので、
野菜のストックかごにするのもおすすめです。

❖ **How to make** ＊ レクタングルBOX → 32ページ

ツールケース

フラップ付きだから持ち運び用のケースとして役立ちます。手芸道具入れに携帯用箸入れなど、用途を考えるのも楽しい。

❖ How to make ＊50ページ

四角トレイ

こまごましたものを仕切るのに便利なミニトレイ。サイズの応用もしやすい作品です。

❖ How to make ＊52ページ

ハンドル付きミニかご

四角トレイに高さを出してかごにしました。
ワンハンドルの持ち手をつけて、小物入れに。

❖ How to make ＊45ページ

一輪挿し

白樺細工らしい一輪挿し。
生花を飾る場合は、試験管を入れて使います。

❖ How to make ＊54ページ

風車飾りのバスケット

丸編みの持ち手と風車の飾りがポイント。
風車飾りのテープは、
お好みでバスケットと同色を使っても。

❖ How to make ＊56ページ

三角のかご

ワンハンドルの持ち手がついたバスケットは見せる収納にぴったり。
持ち運びもしやすくて便利です。

◆ How to make * 58ページ

ピクニックバッグ

マチたっぷりの大容量バッグです。
アウトドアにぴったりなので、ピクニックバッグと命名しました。
市販の持ち手を利用したので、初心者さんも手軽に作れます。

❖ **How to make** * 61ページ

MATERIALS&TOOLS

材料と道具

材料

Timb.テープ（ティムテープ）
白樺のような風合いが特徴の樹脂テープ。耐水性があり、水洗いが可能。ホワイト、ナチュラル、ダークの3色がある。テープ幅3cm、10m巻。

Timb.テープ用接着シート
耐水性に優れた接着用の両面タイプシート。接着シートを使わずに仕上げる作品も多い。始末時に隙間が気になる場合にあると便利。シート幅1.5cm、30m巻。

多用途接着剤
Timb.テープの細かな箇所の接着には、ポリプロピレンの接着が可能な多用途接着剤を使う。

Timb.テープについて

スタックストー社製の新素材TENESQUE（テンネスク）のバスケタリー用テープ。天然素材の風合いと樹脂素材のしなやかさを兼ね備え、耐水性に優れる。また、ささくれが出ないので、手や衣類を傷める心配もなく、収納かごに向く。

道具

はさみ
テープのカットに使う。クラフト用のものが使いやすい。

メジャー、定規
テープのサイズを測るときに使う。長いサイズにはメジャーが便利。定規はテープをしっかり折り曲げるときにも利用する。

洗濯ばさみ
テープを組むときや折り曲げたときの浮き押さえに使う。10個ほど用意しておくとよい。

マスキングテープ
底を立ち上げるとき、テープの折り位置となる底のラインに貼る。

あると便利な道具

目打ち
掛けひもなどを目に通す際に、通し穴を広げるのに使う。

ソフトタッチペンチ
ペンチ先にソフトグリップがついたペンチ。テープをしっかり折り曲げたい場合、テープ表面に傷をつけずに折り曲げられる。

テープの割き方

1/2幅で使う場合、まずテープを半幅に折り、指で折り目をつける。折り目に沿ってはさみを入れると、きれいにカットできる。

Lesson1 シンプルバスケットを作る

photo → p.04　size 各W18×H8.5×D13.5cm

ギザギザ縁　　フラット縁

Technique
- 十字に組む
- ギザギザ縁
- フラット縁

【材料】
Timb.テープ（ナチュラル）各1巻

【テープの準備】
①組みテープ──59cm×2本
②組みテープ──56cm×4本
③組みテープ──50cm×4本
④組みテープ──44cm×4本

※ギザギザ縁、フラット縁とも同じサイズと本数を用意する。

STEP 1　テープを平面に組む［十字に組む］

1
①2本のテープ中心に印をつける。

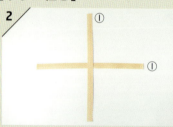

2
①2本を中央で十字に組む。縦方向のテープを上に重ねる。

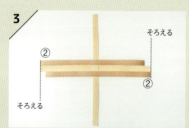

3
②4本を［2］の上下左右に組む。まず上下に組む。上側の②は①の左端にそろえる。下側は①の右端にそろえる。

4
左右に組む。左側の②は①の上端にそろえる。右側は①の下端にそろえる。テープは互い違いになるように組む。

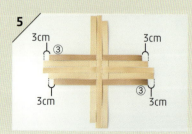

5
③4本を［4］の上下左右に組む。②よりも両端を3cmずつ控えて（短く）組む。上下に1本ずつ③を組んだところ。

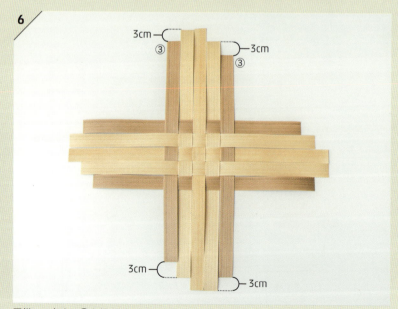

6
同様に、左右に③を組んだところ。

※［3］～［6］ではわかりやすいようテープの色を変えています。

7

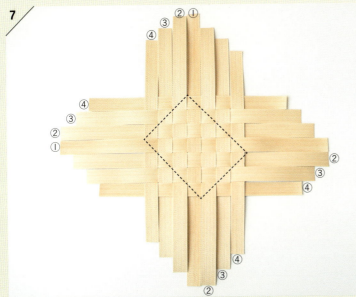

④4本を[6]の上下左右に組む。③よりも両端を3cmずつ控えて組む。底面（点線ライン）が完成。底面は①と②の長く出ているテープの間を結んだラインとなる。

Point

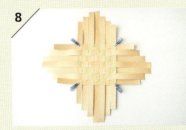

底面のラインにマスキングテープを貼っておくと、わかりやすくておすすめ。

8

組んだシートがずれないよう、四隅を洗濯ばさみでとめる。

STEP 2　側面を組む

9

底面のラインに沿ってテープを折る。定規などを当てて折るとよい。

10

底の角に当たる長いテープ2本（①②）を持ち、交差させる。

Check! NG

この重ね方はNG。底面のテープと互い違いにならず、左側のテープが浮いてしまう。

11

残りの3つの角も同様に組み、洗濯ばさみでとめる。

12

編み目が交互に出るよう、テープを斜めに組む。まずは角のテープから、それぞれ右上方向、左上方向に隣り合うテープを組んで、ひし形の目を2目作る（2段組む）。

13

角以外のテープも同様に組む。

14

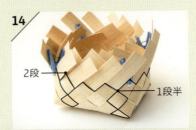

側面をすべて組んだところ。ギザギザの凸の目が2段（2目）、凹の目は1段半となる。

25

Lesson1

STEP 3 縁の始末をする ［ギザギザ縁・A方向］

16
右上方向のテープを編み目に沿って左下の方向（A方向）に折り、折ったところから3目め（3本めのテープ）に入れる。

17
テープを3目めに入れたところ。テープがはみ出そうな場合は余分をカットしてから入れる。

18
［16］と交差していた左上方向のテープを編み目に沿って右下の方向（B方向）に折る。

19
2目分に収まる長さになるよう、余分のテープをカットする。

20
洗濯ばさみで押さえる。さらに右隣のA方向のテープをA方向に折り、3目めに入れる。

21
入れたところ。

22
［16］〜［21］と同様に、反時計回りに始末していく。

23
最後のテープ（B方向）はB方向に折り、テープの隙間（写真）に差し込む。

24
ギザギザ縁のバスケット（2段）のできあがり。

［ギザギザ縁・B方向］

1
左上方向のテープを編み目に沿って右下の方向（B方向）に折り、3目めに入れる。

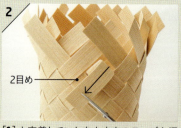

2
［1］と交差していた右上方向のテープを編み目に沿って左下の方向（A方向）に折り、2目分に収まるよう余分のテープをカットする。

3
さらに左隣のB方向のテープをB方向に折り、3目めに入れる。同様に時計回りに始末する。

[フラット縁・A方向]

16 右上方向のテープを右下の方向（B方向）に直角に折り、編み目に沿って2目めに入れる。

17 テープを2目めに入れたところ。テープがはみ出そうな場合は余分をカットしてから入れる。

18 [16]と交差していた左上方向のテープを編み目に沿って左下の方向（A方向）に折る。

19 1目分に収まる長さになるよう、余分のテープをカットする。

20 洗濯ばさみで押さえる。さらに左隣のA方向のテープをB方向に折り、2目めに入れる。

21 入れたところ。

22 [16]〜[21]と同様に、時計回りに始末していく。

23 最後のテープ（B方向）はA方向に折り、テープの隙間（写真）に差し込む。

24 フラット縁のバスケット（2段）のできあがり。

[フラット縁・B方向]

1 左上方向のテープを左下の方向（A方向）に直角に折り、編み目に沿って2目めに入れる。

2 [1]と交差していた右上方向のテープを折り、1目分に収まる長さになるよう、余分のテープをカットする。

3 さらに左隣のA方向のテープをB方向に折り、2目めに入れる。同様に反時計回りに始末する。

photo → p.05,11 　size Sサイズ 約15×15cm ／ Lサイズ 約27×27cm

Lesson2 トレイを作る

Technique
● 井桁に組む

【材料】
Sサイズ
Timb.テープ（ナチュラル）2.3m

Lサイズ
Timb.テープ（ナチュラル）1巻

【テープの準備】
Sサイズ
①組みテープ……29cm×4本
②組みテープ……26cm×4本
③組みテープ……23cm×4本
④組みテープ……20cm×4本
⑤組みテープ……17cm×4本
※すべて1/2幅に割いたテープで用意する。

Lサイズ
①組みテープ……57cm×4本
②組みテープ……51cm×4本
③組みテープ……45cm×4本
④組みテープ……39cm×4本
⑤組みテープ……33cm×4本

STEP 1　テープを平面に組む [井桁に組む] ※Sサイズで作り方を紹介しています。

1
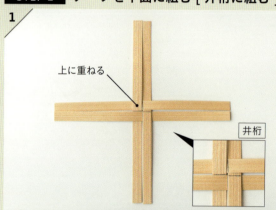
①4本のテープ中心に印をつけ、中央で井桁に組む。井桁の左上は縦方向のテープを上にする。

2
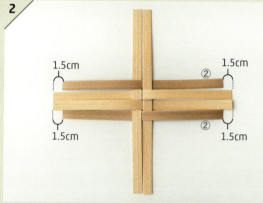
[1]の上下左右に②を組む。①よりも両端を1.5cm（Lサイズは3cm）ずつ控えて（短くして）上下に組んだところ。

3
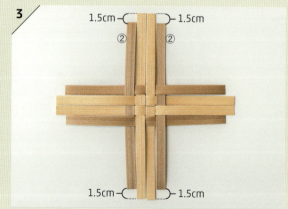
同様に②の2本を左右に組んだところ。

4
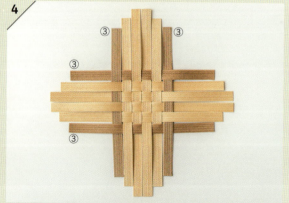
③4本を[3]の上下左右に1.5cm（Lサイズは3cm）ずつ控えて組む。

※[2]〜[4]ではわかりやすいようテープの色を変えています。

5

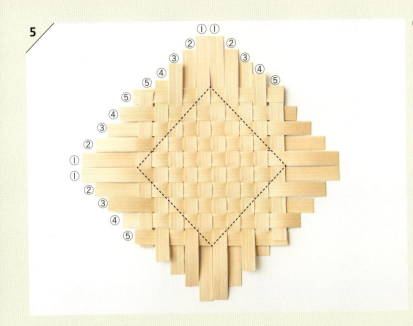

④4本を [4] の上下左右に1.5cm（Lサイズは3cm）ずつ控えて組み、同様に⑤4本も組む。底面は①と①のテープの間を結んだラインとなる。

STEP 2　縁始末をする

6

テープがずれないよう四隅を洗濯ばさみでとめる。底の角に当たる長いテープ（①）2本を持ち、交差させる。

Check! NG

この重ね方はNG。両側が三角にならず、底面のテープと互い違いにもならない。

7

残りの角も同様に交差させ、洗濯ばさみでとめる。※底のラインに沿って折り目はつけない。

8

トレイの外側を見ながら、右上方向（A方向）のテープを写真のように外側に出す。

9

右上方向のテープを編み目に沿って矢印の方向（A方向）に折り、3目め（3本めのテープ）に入れる。

10

トレイの一辺（5本分）を差し込んだところ。同様に残り三辺のA方向のテープを始末する。

11

1周始末したところ。

12

残りの左上方向のテープを編み目に沿って矢印の方向（B方向）に折る。

13

2目分に収まる長さになるよう、余分のテープをカットする。

Lesson2

14 2目めに入れたところ。

15 1周始末したところ。

16 できあがり。

接着シートでの補強について
隙間が気になる場合は、専用の接着シートを使って始末します。

1 カーブしている箇所はテープに隙間があきやすい。

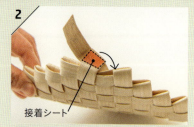
2 B方向のテープの始末をする際に接着シートを貼り、保護シートをはがしてテープを入れる。
接着シート

3 指で押さえ、テープを貼り合わせる。

ノット編みのやり方
▷ノット編みのボタン

1 2本のテープを半分に折り、写真のように重ねる。

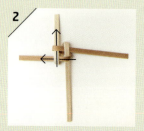
2 それぞれ下にあるテープを折り返すようにして、縦方向のテープ、横方向のテープの順に輪に通す。

3 テープをそれぞれ引き締める。ノット編み（2本結び）ができたところ。

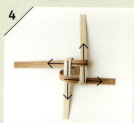
4 先ほどとは逆の向きにテープを折り返し、隣のテープを押さえるように折り、テープを引き締める。

5 テープを引き締めて、ノット編みを2つ重ねたところ。

6 同様に、[4]と逆の向きにテープを折り返し、ノット編みをする。

7 テープを引き締めて、ノット編みを3つ重ねたところ。余ったテープをキワでカットする。

8 できあがり。裏側にボタンつけ用のテープを通したもの。

photo → p.09 | size W17×H17×D8.5cm（持ち手合まず）

革ハンドルのミニトート

Technique
- 十字に組む
- フラット縁

【材料】
Timb.テープ（ホワイト）1巻
平革テープ（1.5cm幅）── 36cm×2本
カシメ（9mm）── 4セット

【テープの準備】
①組みテープ ── 86cm×4本
②組みテープ ── 83cm×4本
③組みテープ ── 77cm×4本

1

①2本を中央で十字に組む。縦方向のテープを上に重ねる。

2

[1] の右下エリアに残りの①2本を中央で十字にして組む。

3

②を [2] の上下左右に組む。まず上下に組む。上側の②は①の左端に、下側は①の右端にそろえる。

4

左右に組む。左側の②は①の上端にそろえ、右側は①の下端に合わせる。
※ [3]、[4] ではわかりやすいようテープの色を変えています。

5
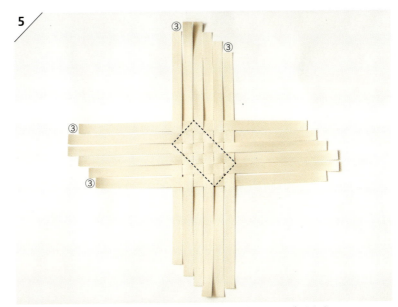

③4本を [4] の上下左右に3cmずつ控えて組む。底面（点線ライン）が完成。

革ハンドルのミニトート

6

4段

Lesson1のSTEP2 (p.25) を参照し、側面を4段組む。

7

テープをフラット縁・B方向 (p.27) で始末する。

8

本体ができたところ。

9

平革テープの端から1.5cmの位置に穴あけポンチで直径2.5mmの穴をあけ、カシメでバッグにつける。

10

中心3目はさんだ位置につける。できあがり。

photo → p.06,07,17

size　Sサイズ　W22.5×H9×D13.5cm
　　　Mサイズ　W31×H13.5×D22.5cm

レクタングルBOX

Technique
- 十字に組む
- フラット縁

【材料】
Sサイズ
Timb.テープ（ホワイト）1巻

Mサイズ
Timb.テープ
（ホワイト、またはダーク）各2巻

【テープの準備】
Sサイズ
①組みテープ──68cm×4本
②組みテープ──65cm×4本
③組みテープ──59cm×4本
④組みテープ──53cm×4本

Mサイズ
①組みテープ──93cm×4本
②組みテープ──90cm×4本
③組みテープ──84cm×4本
④組みテープ──78cm×4本
⑤組みテープ──72cm×4本
⑥組みテープ──66cm×4本

Sサイズ

1

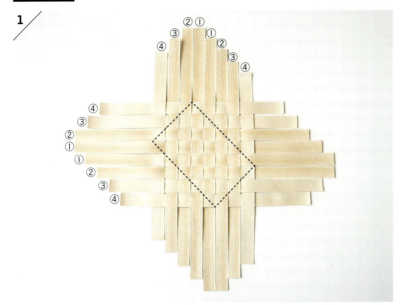

革ハンドルのミニトート (p.31) と同様に、①2本を中央で十字に組み、その右下エリアに残りの①2本を中央で十字にして組む。②を①の上下左右に組む。上側の②は①の左端に、下側は①の右端にそろえる。左側の②は①の上端にそろえ、右側は①の下端にそろえる。③、④は3cmずつ控えながら上下左右に組む。

2

Lesson1のSTEP2 (p.25) を参照し、側面を2段組む。

3

テープをフラット縁・A方向 (p.27) で始末する。できあがり。

Mサイズ

1

革ハンドルのミニトート (p.31) と同様に、①2本を中央で十字に組み、その右下エリアに残りの①2本を中央で十字にして組む。②を①の上下左右に組む。上側の②は①の左端に、下側は①の右端にそろえる。左側の②は①の上端にそろえ、右側は①の下端にそろえる。③〜⑥は3cmずつ控えながら上下左右に組む。

2

Lesson1のSTEP2 (p.25) を参照し、側面を3段組む。

3

テープをフラット縁・A方向 (p.27) で始末する。できあがり。

photo → p.08 | size W18×H13.5×D13.5cm（本体）

ふた付きバスケット

Technique
- 十字に組む
- フラット縁

【材料】
Timb.テープ（ダーク）2巻
多用途接着剤

【テープの準備】
①本体・組みテープ ── 71cm×2本
②本体・組みテープ ── 68cm×4本
③本体・組みテープ ── 62cm×4本
④本体・組みテープ ── 56cm×4本
⑤ふた・組みテープ ── 46cm×2本
⑥ふた・組みテープ ── 43cm×4本
⑦ふた・組みテープ ── 37cm×4本
⑧ふた・組みテープ ── 31cm×4本
⑨持ち手テープ ── 20cm×1本
⑩クロステープ ── 1/8幅・30cm×4本

1

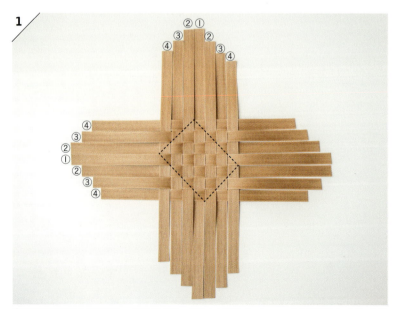

①2本を中央で十字に組む。縦方向のテープを上に重ねる。Lesson1のSTEP1（p.24）を参照し、②〜④各4本を組む。

2

Lesson1のSTEP2（p.25）を参照し、側面を3段組む。

3

テープをフラット縁・A方向（p.27）で始末する。本体のできあがり。

34

4

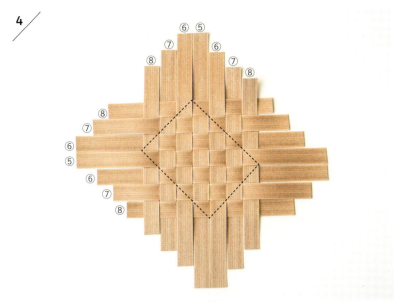

⑤2本を中央で十字に組む。縦方向のテープを上に重ねる。Lesson1のSTEP1 (p.24) を参照し、⑥〜⑧各4本を組む。

5

Lesson1のSTEP2 (p.25) を参照し、側面を1段組む。

6

テープをフラット縁・A方向 (p.27) で始末する。

7

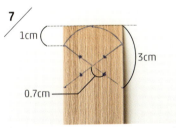

⑨は写真を参考に角を丸くカットする。端から1cm、端から3cmの位置で対角線を引く。

8

中央の交点から0.7cmの位置に穴をあける。穴あけポンチを使う場合は2.9mm穴を使う。もう一方も同様に穴をあける。

9

⑩2本を交差するように持ち手の穴に通す。

10

ふたの中央3目をはさむ位置に⑩を通す。

11

内側からギュッと引っぱる。

12

⑩でノット編みをする (p.30[4]〜)。隣のテープを押さえるように折り、テープを引き締める。

13

さらにノット編みをする。先ほどと反対方向で組み、テープを引き締める。テープ端を3cmほど残してカットし、編み目に入れて始末する。ノットに多用途接着剤をつける。

14

もう一方も同様に裏でノット編みをして固定する。本体に合わせてできあがり。

photo → p.08 | size W8.5×H8.5×D8.5cm (本体)

ふた付きプチかご

Technique
- 井桁に組む
- フラット縁

【材料】
Timb.テープ（ダーク）1巻
Timb.テープ用接着シート

【テープの準備】
①本体・組みテープ —— 54cm×4本
②本体・組みテープ —— 48cm×4本
③ふた・組みテープ —— 42cm×4本
④ふた・組みテープ —— 36cm×4本
⑤ふた飾りテープ —— 10cm×1本

1
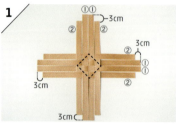
①4本を中央で井桁に組む。井桁の左上は縦方向のテープを上にする。①の上下左右に②を3cmずつ控えて組む。

2

Lesson1のSTEP2(p.25)を参照し、側面を2段組む。

3

フラット縁・B方向(p.27)でテープを始末する。本体のできあがり。

4
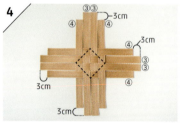
③4本を中央で井桁に組む。井桁の左上は縦方向のテープを上にする。③の上下左右に④を3cmずつ控えて組む。

5

Lesson1のSTEP2(p.25)を参照し、側面を1段組む。

6

フラット縁・B方向(p.27)でテープを始末する。

7

⑤の端をふたの上部に差し込む。もう一方の端に接着シートを貼る。

8

接着シートの保護フィルムをはがし、差し込んだ目の対角にある目に⑤を差し込む。

9

ふたのできあがり。

photo → p.12 | size W8.5×H12.5〜16×D8.5cm

ツールボックス

Technique
- ●井桁に組む
- ●ギザギザ縁

【材料】
Timb.テープ（ホワイト）約5m

【テープの準備】
①組みテープ ── 64cm×4本
②組みテープ ── 58cm×4本

1 /

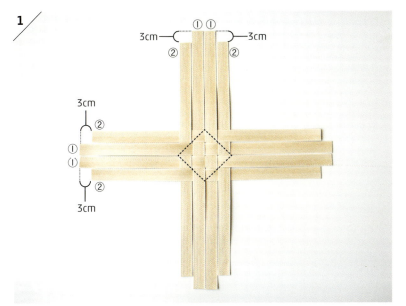

①4本を中央で井桁に組む。井桁の左上は縦方向のテープを上にする。①の上下左右に②を3cmずつ控えて組む。

2 /

Lesson1のSTEP2(p.25)を参照し、側面を3.5段組む。

3 /

ギザギザ縁・A方向(p.26)でテープを始末する。できあがり。

photo → p.10 | size 18.5×18.5cm

ブロック形マット

Technique
● 井桁に組む

【材料】
Timb.テープ（ダーク）3.6m

【テープの準備】
①組みテープ —— 42cm×4本
②組みテープ —— 30cm×4本
③組みテープ —— 18cm×4本

1

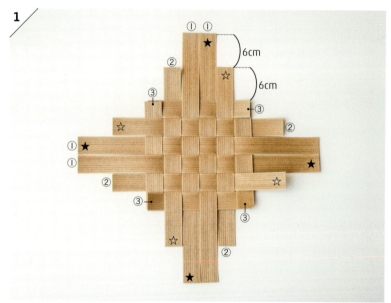

①4本を中央で井桁に組む。井桁の左上は縦方向のテープを上にする。②4本を①の上下左右に組む。①よりも両端を6cmずつ控えて（短くして）組む。③4本も同様に組む。①の4カ所（★）を折り、3目め（中央の井桁部分）に入れて始末する。

2

★を始末したところ。②の4カ所（☆）を折り、3目めに入れて始末する。

3

☆を始末したところ。残りの②を③の前に出して折り、2目めに入れて始末する。

4

③を①2本を包むように折りたたみ、残っている①を折って目に通して始末する。

5

①を通したところ。③の端が①で隠れるよう折りたたむ順番に注意する。

6

[4][5]と同様にすべて始末したところ。できあがり。

photo → p.11　size 18.5×18.5cm

星形マット

Technique
● 井桁に組む

【材料】
Timb.テープ（ナチュラル）2.4m
Timb.テープ用接着シート

【テープの準備】
①組みテープ ⋯⋯ 30cm×4本
②組みテープ ⋯⋯ 30cm×4本

1

①4本を中央で井桁に組む。井桁の左上は縦方向のテープを上にする。

2

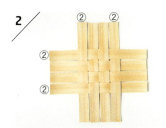

②4本を[1]の上下左右に組む。

3

4×4目のラインですべてのテープを内側に折り曲げる。ソフトタッチペンチなどを使って、できるだけ折り目を平らにつぶす。

4

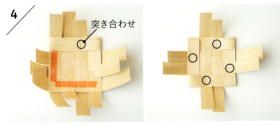

接着シートを4辺に貼る。②を始末する。②を折ったときに写真の位置で突き合わせになるようにカットし、貼る。

5

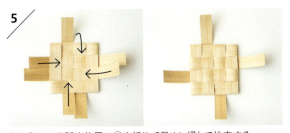

突き合わせを隠す位置の①を折り、2目めに通して始末する。

6

残った①を裏へ、裏へと2回直角に折って三角を作り、目に通して始末する。4本始末したら、できあがり。

Point

テープの間に通して始末する。

photo → p.13 | size W17.5×H17.5×D3cm

コーヒーフィルターケース

Technique
- ギザギザ縁

【材料】
Timb.テープ
　（ホワイト、またはダーク）各約5m

【テープの準備】
①組みテープ —— 42cm×1本
②組みテープ —— 45cm×2本
③組みテープ —— 42cm×2本
④組みテープ —— 39cm×2本
⑤組みテープ —— 42cm×2本
⑥掛けひも用 —— 1/8幅・30cm×1本

1

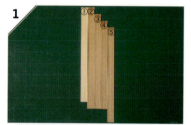

①〜⑤のテープを1本ずつ写真のように縦方向に並べる。②は①の上端にそろえ、③〜⑤は3cmずつ控えて（下げて）並べる。

2

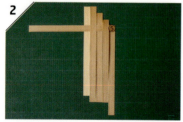

⑤を[1]の⑤にそろえて重ね、横方向に組む。

3

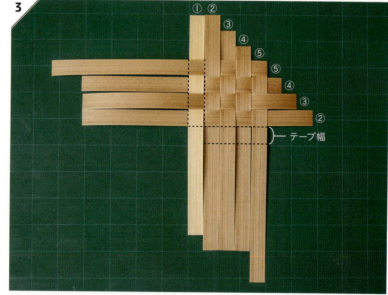

④〜②の順に⑤から3cmずつ右側に出しながら組む。
※わかりやすいよう①のみテープの色を変えています。

4

[3]で示した写真の点線で折り目をつける。

5

①を起こし、組んでいないテープを直角に倒す。①はマチになる。

6

縦方向下側の②〜⑤を起こし、編み目が交互に出るように組む。

40

7 組んだところ。こちらが背面になる。

8 縁を外側に包むテープを折り、3目めに通して始末する。⑤はここでは始末しない。

9 ⑤を折り、残りのテープで始末する。通せる目に合わせて余分をカットしてから通す。

10 始末したところ。背面ができたところ。⑤のテープ端はここでは始末しない。

11 反対側（表面）は、ギザギザ縁・A方向（p.26）でテープを始末する。

12 中心2目分の高さになるよう、テープを外して右上方向にそろえる。

13 右上方向のテープを折り、交差する左上方向のテープを2目めに入れる。

14 同様に右隣のテープをギザギザ縁で始末する。

15 ①を始末する。[10]で残した⑤のテープ端を包んで目に通す。

16 2目めに通して始末したところ。反対側も同様に始末する。

17 ケースのできあがり。

18 ⑥を背面に通し、2本そろえて結ぶ。

41

photo → p.14　size W31×H15.5（マチ）〜 26（正面）×D14cm

北欧バッグ

Technique
- 十字に組む
- 丸編み (p.57)

【材料】
Timb.テープ（ナチュラル）3巻
Timb.テープ用接着シート

【テープの準備】
① 組みテープ ―― 93cm×4本
② 組みテープ ―― 96cm×4本
③ 組みテープ ―― 99cm×4本
④ 組みテープ ―― 99cm×4本
⑤ 組みテープ ―― 81cm×4本
⑥ 持ち手テープ ―― 80cm×8本
⑦ 調整テープ ―― 16cm×4本
⑧ 持ち手芯テープ ―― 22cm×6本

1

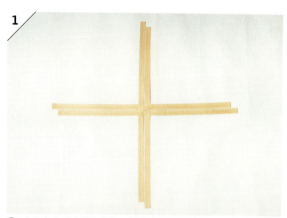

①2本を中央で十字に組む。縦方向のテープを上に重ねる。その右下エリアに残りの①2本を中央で十字にして組む。

2

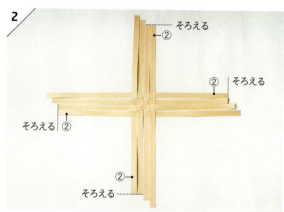

②4本を①の短い端にそろえて上下左右に組む。

3

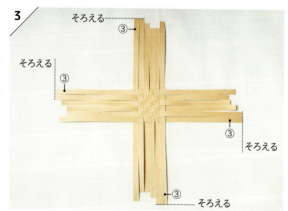

③4本を②の上下左右に組む。上側の③は②の左端、下側の③は②の右端、左側の③は②の上端、右側の③は②の下端にそろえて組む。

4

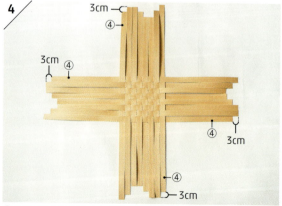

④4本を③の上下左右に組む。上側の④は③の左端、下側の④は③の右端、左側の④は③の上端、右側の④は③の下端からそれぞれ3cm控えて（短くして）組む。

42

5

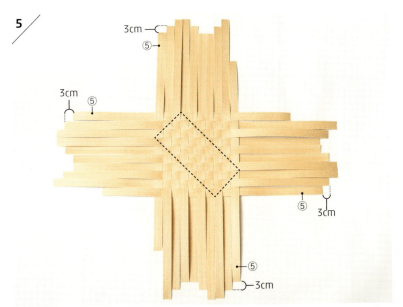

⑤4本を④の上下左右に組む。上側の⑤は④の左端、下側の⑤は④の右端、左側の⑤は④の上端、右側の⑤は④の下端からそれぞれ3cm控えて(短くして)組む。底面(点線ライン)が完成。

6

Lesson1のSTEP2(p.25)を参照し、側面を組む。正面中央は4段組み、マチは3.5段組む。

7

正面のテープをフラット縁・A方向(p.27)で中心3目分、始末する。

8

マチのテープを始末する。右上方向のテープで◆(端)のテープを包む2本を折り、始末する。

9

マチの左上方向のテープで端のテープを包む2本を折り、始末する。

10

フラット縁側の右上方向のテープを折り、始末する。

11

反対側のマチも同様に始末する。左上方向のテープで端のテープを包む2本を折り、始末する。

12

マチを始末したところ。

13

⑥2本をマチの写真の位置に通す。
※わかりやすいようテープの色を変えています。

14

左上方向のテープ(★)2本を1目外し、内側に出す。

15

縁側の⑥を包むように折り、目に通して始末する。

— 北欧バッグ

16

本体の内側に別の⑥2本を通す。

17

⑦1本で右上方向のテープ2本を巻くようにし、持ち手の⑥1本を戻して、接着シートで貼り合わせる。

18

⑦で目の出方が調整できたところ。

19

内側から見たところ。

20
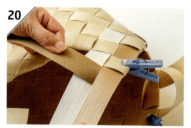
⑥の端側（写真ではダーク）の下にあるテープを表に返す。

21

⑥の端側の上にあるテープは裏に返して折り、⑥（写真ではホワイト）の間に通す。丸編みのセットができたところ。

22

丸編み（p.57）を編む。

23

4目編んだところ。

24
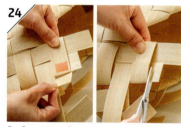
[17]と同様に⑦で目の出方を調整する。

25

⑧を3本重ねて、通す。

26

⑥2本を正面の斜めのラインに通す。端側の⑥は正面のテープには通さず、マチ中心の目に通す。

27

残っていた右上方向のテープを折り、目に通して始末する。写真の位置に通すこと。

28

残りの⑥2本の端はバッグの内側の目に沿わせ、始末する。

29

反対側も[13]〜[28]と同様に持ち手を作る。できあがり。

photo → p.19　size W9.5×H9.5×D9.5cm（持ち手含まず）

ハンドル付きミニかご

Technique
●十字に組む

【材料】
Timb.テープ（ダーク）1巻
Timb.テープ用接着シート

【テープの準備】
①縦テープ──48cm×6本
②横テープ──41cm×3本
③縁始末テープ──42cm×1本
④縁テープ──43cm×1本
⑤持ち手テープ──70cm×1本

1/

①2本を中央で十字に組む。縦方向のテープを上に重ねる。残りの①4本を上下左右に組む。

2/

組んだテープの目を詰め、①を立ち上げる。

3/
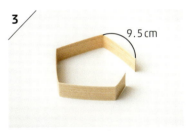
②3本に端から9.5cmずつ折り目をつける。残りはのり代となる。

4/

折り目をつけた②の端を角に合わせ、①と互い違いになるように組む。のり代を接着シートをつけて貼り合わせる。

5/

残りの②で[3][4]と同様に計3段組む。のり代の継ぎ目が同じ面にならないよう、ずらし、3段めは①の表にくるようにする。

6/

3段めを外側に包む位置の①を折り、1段めに入れて始末する。

7/
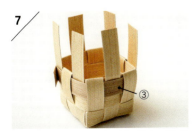
③に端から9.75cmずつ折り目をつけ、3段めに重ねて通す。貼り合わせ部分は3段めの②とはずらす。

8/

④に端から10cmずつ折り目をつけ、3段めに沿わせ、洗濯ばさみでとめる。

9/

残った①を外側に折り返して2段めに入れて始末する。

ハンドル付きミニかご

①を折り、2段めからはみ出さない位置を確かめて余分をカットしておく。

10
④の端も①からはみ出さない位置で接着シートをつけて貼り合わせる。

11
かごができたところ。

12
⑤を側面から底、側面の順に通す。
※わかりやすいようテープの色を変えています。

13
⑤で持ち手を作る。18cmの長さになるように整え、接着シートで貼り合わせる。

14
できあがり。

photo → p.10 ｜ size 10.5×10.5cm

コースター

Technique
● 十字に組む

【材料】
Timb.テープ
（ホワイト、またはダーク）各2m

【テープの準備】
①組みテープ……1/2幅・29cm×6本
②組みテープ……1/2幅・23cm×4本
③組みテープ……1/2幅・17cm×4本

1

①2本を中央で十字に組む。縦方向のテープを上に重ねる。残りの①4本を上下左右に組む。

2

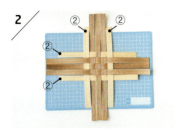

②4本を[**1**]の上下左右に3cm控えて（短く）組む。

3

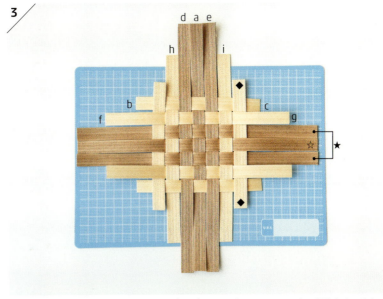

③4本を[**2**]の上下左右に3cm控えて（短く）組む。方眼のマットの上で組むとまっすぐに整えやすい。
※②、③のテープはわかりやすいよう色を変えています。

4

a〜gの順にテープを始末する。まずaを折り、b、cでaを押さえるように折りたたむ。b、cの余分はカットする。

5

d、eを折り（b、cを押さえ）、f、gでd、eを押さえるように折りたたむ。gはaの中心で余分をカットし、aをf、gの上に出す。

6

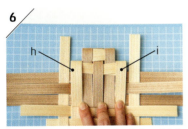

h、iを折り（f、gを押さえ）、[**3**]の★2本を折る。

7

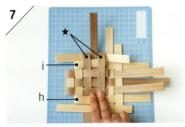

このとき、★の1本は目が交互になるように通す。

8

◆の2本を折り（★を押さえる）、☆を折って目が交互になるように通す。

9

☆を通したところ。

10

[**4**]〜[**9**]と同様に残ったテープを始末する。

11

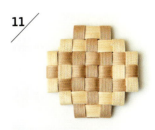

すべて始末したところ。できあがり。

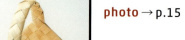

photo → p.15 | size W23×H4.5（マチ）〜16（正面）×D17cm

フルーツバスケット

Technique
- 十字に組む
- 丸編み（p.57）

【材料】
Timb.テープ（ナチュラル）3巻

【テープの準備】
① 組みテープ —— 74cm×2本
② 組みテープ —— 86cm×4本
③ 組みテープ —— 68cm×4本
④ 組みテープ —— 65cm×4本
⑤ 組みテープ —— 62cm×4本
⑥ 組みテープ —— 59cm×4本
⑦ 持ち手テープ —— 110cm×4本
⑧ 持ち手芯テープ —— 28cm×3本

1

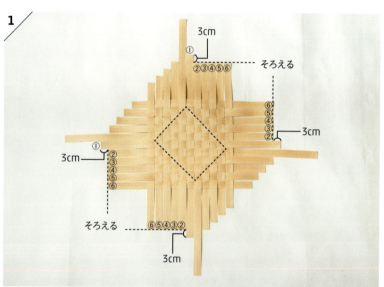

①2本を中央で十字に組む。縦方向のテープを上に重ねる。②4本を①の上下左右に組む。上側の②は①の右端から3cm、下側は①の左端から3cm、左側の②は①の下側から3cm、右側の②は①の上側から3cm控えて組む。③〜⑥は②の短い端にそろえて上下左右に順に組む。底面（点線ライン）が完成。

2

Lesson 1のSTEP 2（p.25）を参照し、側面を組む。正面中央は4段組み、マチは1段組む。

3

マチのテープをフラット縁・A方向（p.27）で始末する。底の角にきたら写真の向きでテープを通す。

4

マチの始末をしたところ。反対側のマチも同様に始末する。

check!

底の角で折り返すようにして、底側に通す。通した目に隠れる位置で余分をカットする。

5

正面のテープを始末する。まず、斜めに渡っている縁のテープを外側に包むテープを外側に折り、3目めに通す。

48

6

中央で交差しているテープ2本は内側に折って始末する。

中央の2本を内側の縁に通して始末したところ。

7

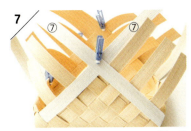

⑦2本を正面の上端に沿わせ、マチ側の目に通す。交差箇所を洗濯ばさみでとめる。
※わかりやすいようテープの色を変えています。

8

[6]で残ったテープを1目外し、内側に出す。

9

外したテープを折り返し、目に通して始末する。⑦が固定されたところ。

10

残りの⑦2本をかごの内側の目に通す。

11

反対側の正面も[5]～[6]と同様の工程まで進める。

12

⑦で丸編み（p.57）を編む。ただし、テープの方向が逆なので注意。

13

6目編む。

14

⑧3本を筒の中に入れる。差し入れる側のテープの両角をカットすると入れやすい。

15

⑦の残りのテープをかごの外側と内側に分け、内側は編み目に通し、外側は縁に沿わせてマチ側の編み目に通す。

16

[7]～[9]と同様に残ったテープを始末する。

17

内側の⑦のテープ端は底まで通す。

18

外側の⑦のテープ端も底側の通せるところまで通す。できあがり。

49

photo → p.18 | size W9×H22cm

ツールケース

Technique
● 十字に組む

【材料】
Timb.テープ（ナチュラル）約4m
Timb.テープ用接着シート
丸ゴム　30cm

【テープの準備】
①組みテープ —— 99cm×2本
②組みテープ —— 78cm×2本
③ボタン用テープ —— 1/4幅・24cm×2本
④ボタンつけ用テープ —— 1/8幅・30cm×1本

1

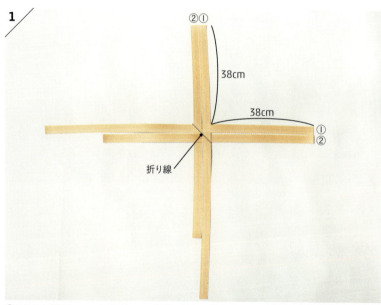

①2本を上端38cm、右端38cmの位置で組む。横方向のテープを上に重ねる。①の左下エリアに②2本を①の短いほうにそろえて組む。

2

左下エリアのテープを右上エリアのテープに重ねるように[**1**]の折り線で折る。折ったラインがケースの底になる。

3

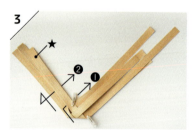

写真の向きで組んでいく。一番上に重なっている左側のテープを右方向に折り返す（❶）。一番左側のテープを手前に倒して★の下を通って右上方向に折る（❷）。

4

右上方向に折ったところ。

5

一番右側の下のテープを左方向に折り返し、交差するテープと互い違いになるように組む。

6

一番右側のテープを左方向に折り返し、裏側（背面）で交差するテープと互い違いになるように組む。

7

一番左側の上のテープを右方向に折り返す。[3]〜[6]と同様に組んでいく。

8

[7]の状態の背面。筒状に組むので背面側も互い違いに通す。

9

前面は4段、背面は6段組む。前面側の端のテープを外側に包む位置のテープ（☆）2本を折り、3目めに通して始末する。

10

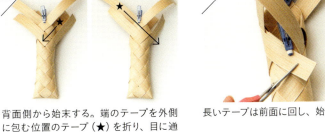

背面側から始末する。端のテープを外側に包む位置のテープ（★）を折り、目に通して始末する。

11

長いテープは前面に回し、始末する。

12

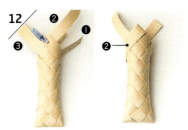

★のテープを始末したところ。背面側の残りの3本は番号順に背面側に始末する。

13

前面に残ったテープ（❹）を始末する。

14

❸2本を半分に折り、ノット編みを3回くり返す（p.30）。余分をカットし、❹を通してひと結びする。

15

ケース前面の写真の位置に通す。裏側から引っぱり、結び目を裏に出して固定する。❹の余分はカットする。

Point

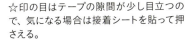

☆印の目はテープの隙間が少し目立つので、気になる場合は接着シートを貼って押さえる。

16

ゴムを二つ折りし、中央から6〜7cmの位置で結ぶ。ゴムの先を背面から通す。内側でゴムを結びとめる。

17

ゴムをノット編みのボタンに引っかけてふたをとめる。できあがり。

photo → p.18 | size スクエア W9.5×H3×D9.5cm
レクタングル W18.5×H3×D9.5cm

四角トレイ

Technique
● 十字に組む

【材料】
スクエア
Timb.テープ（ダーク）3m
Timb.テープ用接着シート

レクタングル
Timb.テープ（ナチュラル）約5m
Timb.テープ用接着シート

【テープの準備】
スクエア
①縦テープ —— 29cm×6本
②横テープ —— 42cm×3本

レクタングル
①縦テープ —— 40cm×3本
②縦テープ —— 30cm×6本
③横テープ —— 61cm×3本

スクエア

1

①2本を中央で十字に組む。縦方向のテープを上に重ねる。残りの①4本を上下左右に組む。

2

組んだテープの目を詰め、①を立ち上げる。

3

②1本に端から9.5cmずつ折り目をつける。残りはのり代となる。

4

折り目をつけた②の端を角に合わせ、縦テープ（①）と互い違いになるように組む。

5

のり代を接着シートをつけて貼り合わせる。

6

②を外側に包む位置の①を折る。

7

折った①はトレイの高さ（②の幅）に合わせてカットする。

8
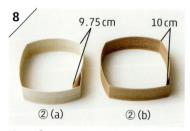

残りの②に折り目をつける。1本は端から9.75cmずつ折り目をつけ(a)、もう1本は端から10cmずつ折り目をつける(b)。

9

[8]で折った②(a)を沿わせ、接着シートで貼り合わせる。[7]のテープではさむ。

10
残った縦テープに、テープ幅で折り目をつける。②(b)を利用して2カ所に折り目をつける。

11
bをaに沿わせ、[10]で折り目をつけた縦テープを折り返し、底の目に入れて始末する。

12
bの端を始末するとき、のり代に接着シートを貼ってから目に通して貼り合わせる。できあがり。

レクタングル

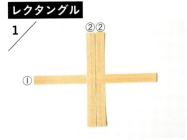

1
①を横にし、①の中心から左右に②2本を写真のように組む。

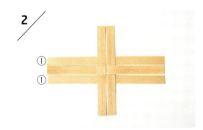

2
残りの①2本を上下に組む。

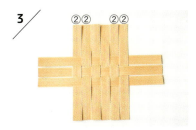

3
残りの②4本を左右に2本ずつ組む。

4
③1本に端から9.5cm、19cm、9.5cm、19cmの位置で折り目をつける。残りはのり代となる。

5
折り目をつけた③の端を角に合わせ、縦テープ（①②）と互い違いになるように組み、接着シートで貼り合わせる。

6
スクエア[6][7]と同様に、③を外側に包む位置の縦テープを折り、トレイの高さに合わせてカットする。

7
残りの③に折り目をつける。1本は端から9.75cm、19.25cm、9.75cm、19.25cmの位置で(a)、もう1本は端から10cm、19.5cm、10cm、19.5cmの位置で折り目をつける(b)。

8
[7]で折ったaを沿わせ、接着シートで貼り合わせる。[6]のテープではさむ。

9
スクエア[10]と同様に、残った縦テープに折り目をつける。[8]の貼り合わせとは反対側からbを沿わせ、縦テープを折り返して底の目に入れて始末する。できあがり。

photo → p.20 | size W9×H12×D9cm

一輪挿し

■ **Technique**
● 十字に組む

【材料】
Timb.テープ（ナチュラル）約5m
Timb.テープ用接着シート

【テープの準備】
①縦テープ ── 53cm×6本
②横テープ ── 41cm×3本
③口始末テープ ── 16cm×2本

1
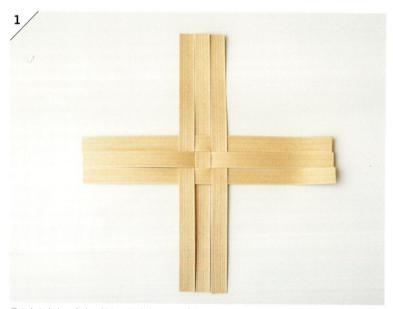
①2本を中央で十字に組む。縦方向のテープを上に重ねる。残りの①4本を上下左右に組む。

2

組んだテープの目を詰め、①を立ち上げる。

3
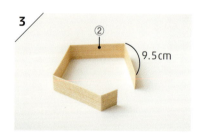
②3本に端から9.5cmずつ折り目をつける。残り3cmはのり代となる。

4

折り目をつけた②の端を角に合わせ、縦テープ（①）と互い違いになるように組む。角を洗濯ばさみでとめながら作業するとよい。

5

1段組んだところ。接着シートでのり代を貼る。継ぎ目は縦テープで隠れるよう、長ければカットしてから貼る。

6

同様に残りの②2本を組む。3段組んだところ。

7

中央以外の①を向かい合うテープ同士で写真のように接着シートで貼り合わせる。

8
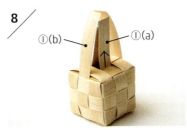
上段の横テープを内側に包む方向の①(a)を写真のように通し、中央に引き出す。

9

半端テープ（材料外）でテープ幅分の折り目を3カ所つける。1カ所つけているところ。

10

さらにテープ幅分の折り目をつける。

11

3カ所めの折り目は、写真のように谷折りでつける。

12
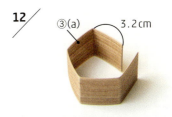
③(a)に端から3.2cmずつ折り目をつける。

13

折り目をつけた③(a)で①(b)を巻く。

14
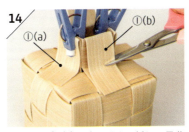
①(b)で③(a)を包むように折り、1目分を残してカットする。①(a)は折りたたみ、洗濯ばさみでとめる。

15
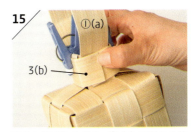
残りの③(b)を巻く。①(a)で隠れる位置に継ぎ目がくるようにし、折り目をつける。

16

いったん③(a、b)を外し、①(a)を折り返してテープの端を内側に入れる。

17

③(a)は接着シートで貼り合わせる。

18
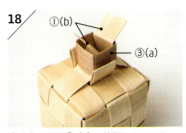
③(a)を再び①(b)の外側にかぶせる。

19

①(b)を折り、洗濯ばさみでとめる。

20
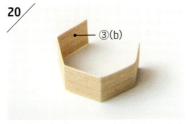
③(b)は[15]でつけた折り目をしっかりつける。

21

③(b)を①(a)の中に1周通す。

※20ページの作品は、側面中央に色違いのテープ（ダーク）8cmを差し込んで飾りにしています。

風車飾りのバスケット

photo → p.20 | size W13.5×H20×D13.5cm（持ち手含まず）

Technique
- 井桁に組む
- ギザギザ縁
- 丸編み

【材料】
Timb.テープ（ナチュラル）2巻
Timb.テープ（ホワイト）30cm

【テープの準備】
① 組みテープ —— 84cm×4本
② 組みテープ —— 78cm×4本
③ 組みテープ —— 72cm×4本
④ 持ち手テープ —— 1/2幅・80cm×4本
⑤ 風車飾りテープ（ホワイト）—— 30cm×1本

1

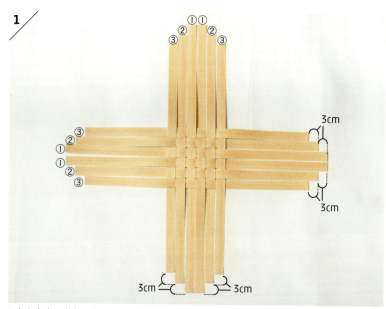

4本を中央で井桁に組む。井桁の左上は縦方向のテープを上にする。①の上下左右に②を3cmずつ控えて組み、さらに③を同様に組む。

2

Lesson1のSTEP2（p.25）を参照し、側面を4.5段組む。

3

ギザギザ縁・B方向（p.26）でテープを始末する。

4

④4本を写真のようにセットする。端から20cmのところから丸編み（p.57）を30cm分編む。※わかりやすいように色を変えています。

5

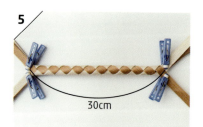

編んだところ。

6

本体の内側の編み目に2本ずつ通す。

7

写真のようにテープを返しながら別の編み目に通す。

8

テープを引っぱり、テープ端を編み目に通して始末する。

9

もう一方の持ち手のテープも同様に始末する。

10

⑤を写真の位置に1目差し込む。テープを90度に折るように返し、右上の目に通す。同様に三角を作りながら時計回りに進める。

11

3つめ、4つめの三角を作ったところ。最後は余分をカットし、[10]で最初に差し込んだ目に通して始末する。

12
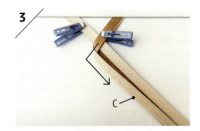
できあがり。

丸編みの編み方

1
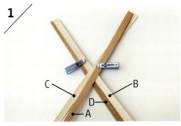
テープを4本セットする。上から互い違いに左右に分ける。

2
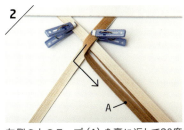
左側の上のテープ（A）を裏に返して90度折る。

3
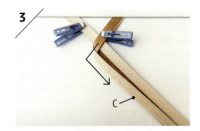
その下のテープ（C）を表に返すように折り、Aに重ねる。

4
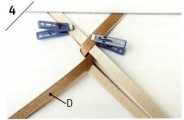
右側の下のテープ（D）を表に返すように折る。

5
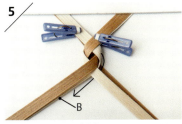
右側の上のテープ（B）を裏に返して折り、CとAの間を通す。

6

左側の上のテープ（D）を[2]と同様に折る。[2]～[5]をくり返す。

photo → p.21 | size W26.5×H17.5(マチ)～29(正面)×D17.5cm

三角のかご

Technique
- 十字に組む
- フラット縁
- 丸編み (p.57)

【材料】
Timb.テープ（ダーク）3巻

【テープの準備】
① 組みテープ —— 107cm×4本
② 組みテープ —— 110cm×4本
③ 組みテープ —— 107cm×4本
④ 組みテープ —— 104cm×4本
⑤ 組みテープ —— 104cm×4本
⑥ 持ち手テープ —— 90cm×4本
⑦ 持ち手芯テープ —— 23cm×3本

1

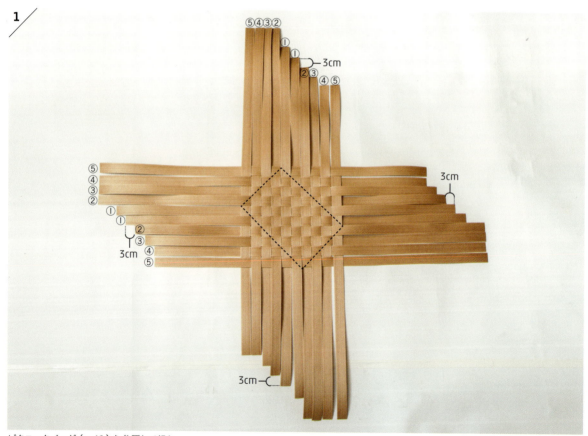

ピクニックバッグ（p.61）を参照して組む。
①2本を中央で十字に組む。縦方向のテープを上に重ねる。その右下エリアに残りの①2本を中央で十字にして組む。②を①の短い端から3cmずつ控えて上下左右に組む。③を②の短い端から3cmずつ控えて上下左右に組む。④を③の短い端から3cmずつ控えて上下左右に組む。⑤を④にそろえて上下左右に組む。底面（点線ライン）が完成。

2

Lesson 1のSTEP2(p.25)を参照し、側面を組む。正面中央は7段組み、マチは4段組む。

3

マチ側からテープをフラット縁・B方向(p.27)で始末する。マチのテープは長めに4目めに入れて始末する。

4

マチの始末をしたところ。反対側のマチも同様に始末する。

5

正面のテープを始末する。まず、斜めに渡っている縁のテープを外側に包むテープを折り、3目めに通す。

6

3目めに入れたところ。中央で交差しているテープは内側に折って始末する(P49[6]参照)。

7

残ったテープを1目外し、内側に出す。

8

⑥2本を正面の上端に沿わせ、テープ端をマチ側の編み目に通し、[7]で外したテープを折り返して固定する。

9

残りの⑥2本をかごの内側の目に通す。
※わかりやすいように⑥のテープは色を変えています。

10

反対側の正面も[5]～[7]と同様の工程まで進める。

11

丸編み(p.57)を編む。

12

4目編んだら、⑦3本を筒の中に入れる。差し込む側のテープの両角をカットすると入れやすい(p.49[14]参照)。

13

⑥の残りのテープをかごの外側と内側に分け、内側は編み目に通し、外側は縁に沿わせてマチ側の編み目に通す。

14

[8]と同様に残ったテープを始末する。できあがり。

photo → p.16 | size W8.5×H17.5cm

壁掛け一輪挿し

Technique
- 十字に組む
- フラット縁

【材料】
Timb.テープ（ナチュラル）3.1m
Timb.テープ用接着シート

【テープの準備】
①組みテープ —— 71cm×2本
②組みテープ —— 68cm×2本
③壁掛け用テープ —— 1/8幅・30cm×1本

1

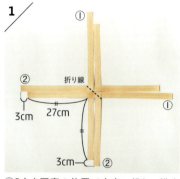

①2本を写真の位置で十字に組む。横方向のテープを上に重ねる。①の右上エリアに②2本を上（左端）、右（下端）3cm出して組む。

2

左下エリアのテープを右上エリアのテープに重ねるように折り、ツールケース (p.50) を参照して、筒状に前面3段、背面4段組む。

3

前面のテープをフラット縁 (p.27) で始末する。

4

背面のテープを❶〜❹の順に始末する。写真は❶、❷を外側に折って始末したところ。

5

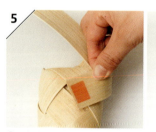

❸は接着シートを貼って始末する。

6

❹を始末したところ。

7

できあがり。

8

③を背面の写真の位置に通し、好みの長さでそろえて結ぶ。

photo → p.22　size Mサイズ　W29.5×H17（マチ）〜23（正面）×D13cm
　　　　　　　　　　Lサイズ　W35×H22（マチ）〜28（正面）×D18cm

ピクニックバッグ

Technique
- 十字に組む
- フラット縁

【材料】
Mサイズ
Timb.テープ（ダーク）3巻
持ち手（くわえ金具付）1ペア

Lサイズ
Timb.テープ（ダーク）3巻
持ち手（くわえ金具付）1ペア

【テープの準備】
Mサイズ
①組みテープ──100cm×4本
②組みテープ──109cm×4本
③組みテープ──109cm×4本
④組みテープ──103cm×4本
⑤組みテープ──100cm×4本
⑥補強テープ──15cm×4本

Lサイズ
①組みテープ──112cm×4本
②組みテープ──121cm×4本
③組みテープ──121cm×4本
④組みテープ──115cm×4本
⑤組みテープ──112cm×4本
⑥組みテープ──109cm×4本
⑦補強テープ──15cm×4本

※Mサイズで作り方を解説しています。

1

①2本を中央で十字に組む。縦方向のテープを上に重ねる。その右下エリアに残りの①2本を中央で十字にして組む。

2

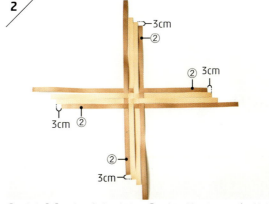

②4本を[1]の上下左右に組む。①の短い端から3cmずつ控えて組む。
※わかりやすいようテープの色を変えています。

3

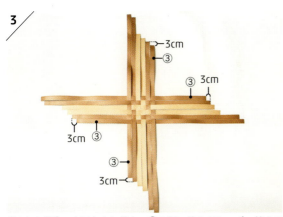

③4本を[2]の上下左右に組む。②の短い端から3cmずつ控えて組む。

4

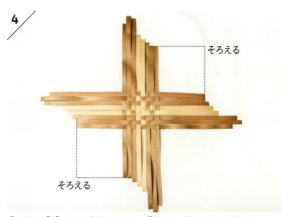

④4本を[3]の上下左右に組む。③の短い端にそろえて組む。

61

ピクニックバッグ

5

⑤4本を[4]の上下左右に組む。④の短い端にそろえて組む。底面（点線ライン）が完成。
※Lサイズはp.63参照。

6

Lesson 1のSTEP 2(p.25)を参照し、側面を組む。正面4目は5.5段 (Lサイズは正面5目は6.5段)組む。

7

マチは4段（Lサイズは5段）組む。マチ側からテープを始末する。

8

フラット縁・A方向（p.27）で始末する。マチのテープは長めに4目めに入れて始末する。

9

[8]と交差していたテープを始末する。

10

同様にマチのテープを始末したところ。反対側も同様に始末する。

11

正面のテープを始末する。まず、両側の斜めに渡っている端のテープを外側に包む位置のテープを折る。

12

折ったテープを3目めに入れる。上側のテープは正面4目分をフラット縁・B方向（p.27）で始末する。

13

上側のテープを始末したところ。両側のテープは編み目に入れずに、折った状態で洗濯ばさみでとめておく。

14

⑥を斜めのラインに合わせ、上端を斜めにカットする。

15

編み目に合うように差し込む。
※わかりやすいよう[13]の洗濯ばさみを外しています。

16

残ったテープを折り、2目め、4目めに入れて始末する。

17

斜めの縁のテープを始末する。

18

本体ができたところ。

19

持ち手を用意する。

20

持ち手のくわえ金具で本体の縁をはさみ、ペンチ等で金具をかしめる。

Lサイズ

①〜⑤をMサイズと同様に組む。⑥を⑤の短い端にそろえて上下左右に組む。底面（点線ライン）が完成。

古木明美 Furuki Akemi

ぷるる工房主宰。神奈川県在住。2001年よりエコクラフト講師、
作家活動を始める。本や雑誌、テレビ等で広く活動し、海外で
のワークショップも行う。著書多数。近著に『PPバンドで作る
かわいいプラかごとバッグ』『エコクラフトのおしゃれ編み地のか
ごとバッグ』『エコクラフトで作る大人スタイルのかごとバッグ』
（いずれも小社刊）などがある。

ぷるる工房H.P.　http://park14.wakwak.com/~p-k/
ブログ　　https://ameblo.jp/pururu-koubou/

◆ STAFF
デザイン＊釜内由紀江、五十嵐奈央子 (GRiD CO.,LTD)
写真＊三好宣弘 (RELATION)
スタイリング＊田中麻理乃
編集＊村松千絵 (Cre-Sea)

◆ 撮影協力
新井洋子、坂井範子、奈良千春、植松芳子、大久保千穂、
森晴美、山田成子

◆ 材料協力
メルヘンアート株式会社
〒 130-0015　東京都墨田区横網 2-10-9
Tel.03-3623-3760
http://www.marchen-art.co.jp/

◆ 撮影小物協力
AWABEES　Tel.03-5786-1600
UTUWA　Tel.03-6447-0070

本書の内容に関するお問い合わせは、お手紙かメール(jitsuyou@
kawade.co.jp) にて承ります。恐縮ですが、お電話でのお問い
合わせはご遠慮くださいますようお願いいたします。

白樺みたいな Timb. テープで作る
洗えるバスケットとこもの

2018 年 5 月 20 日　初版印刷
2018 年 5 月 30 日　初版発行

著者　　古木明美
発行者　小野寺優
発行所　株式会社河出書房新社
　　　　〒 151-0051　東京都渋谷区千駄ヶ谷 2-32-2
　　　　電話　03-3404-8611（編集）　03-3404-1201（営業）
　　　　http://www.kawade.co.jp/
印刷・製本　凸版印刷株式会社

ISBN978-4-309-28682-2
Printed in Japan

落丁・乱丁本はお取り替えいたします。
本書のコピー、スキャン、デジタル化等の無断複製は著作権法上での例外を除き禁じ
られています。本書を代行業者等の第三者に依頼してスキャンやデジタル化すること
は、いかなる場合も著作権法違反となります。

本書に掲載されている作品及びそのデザインの無断利用は、個人的に楽しむ場合を
除き、禁じられています。本書の全部または一部（掲載作品の画像やその作り方図等）
をホームページに掲載したり、店頭、ネットショップ等で配布、販売したりすることは、
ご遠慮ください。